사랑은 오래 참습니다.
사랑은 친절합니다.

사랑은 시기하지 않습니다.
사랑은 자랑하지 않습니다.

사랑은 교만하지 않습니다.
사랑은 무례하지 않습니다.

사랑은 사욕을 품지 않습니다.
사랑은 성을 내지 않습니다.
사랑은 앙심을 품지 않습니다.

사랑은 불의를 보고 기뻐하지 아니하고
진리를 보고 기뻐합니다.

사랑은 모든 것을 덮어 주고
모든 것을 믿고
모든 것을 바라고
모든 것을 견디어 냅니다.

하 권

- 여는 글 3
- 차례 4
- 살아난 나자로 9
- 예루살렘 입성 35
- 막달라 마리아 61
- 유다의 배반 87
- 사형선고 115
- 골고타로 가는 길 141
- 부활 173
- 멀고 먼 바람을 넘어서 ...203

이 책은 홍보 수단을 통하여 복음을 전하는
성바오로 수도회 수도자들이
제작한 것입니다.

はるかなる風を越えて
by
柴田 千佳子
ⓒ SSP DaSom Publications / Seoul. Korea.
1993

추수 감사절이 다가오고 있었다.

우리를 둘러싸는 불온한 기운도 더욱 고조되는 가운데

나는 제자들과 헤어져 혼자 몰래 예루살렘으로 들어 갔다.

베짜타 연못.

추수 감사절…유대의 삼대 축제 중의 하나로 익은 곡식을 거두어 하느님께 감사하는 감사제이다.
후에 출애굽 때의 천막 생활을 기념하여 오두막을 지어 하느님의 은총에 감사 드렸다.

10. 살아난 나자로 ············

거듭나다…'하느님으로부터 다시 난다.'는 의미인데 니고데모는 단순히 육체가 새로 태어난다 라고 해석했다.

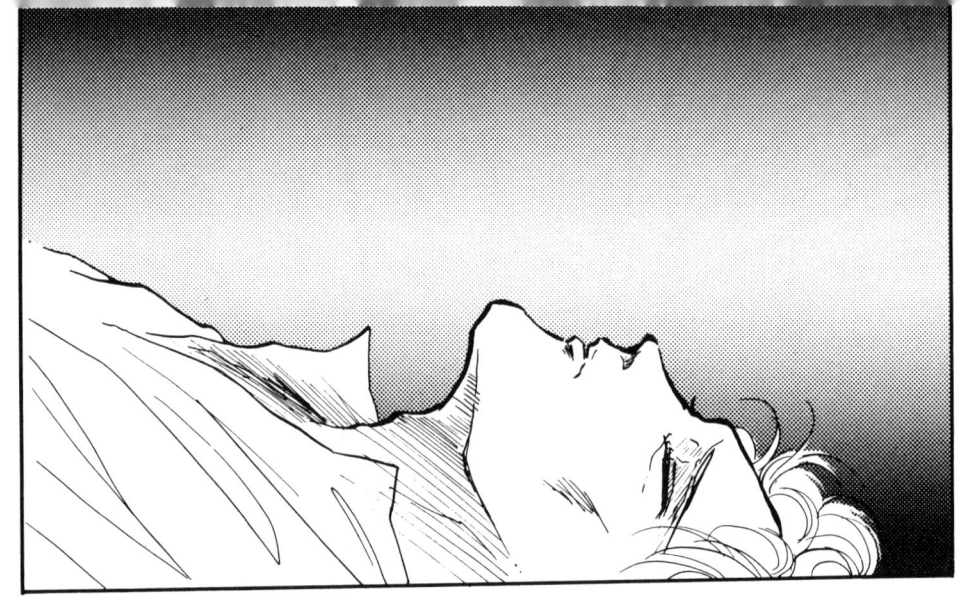

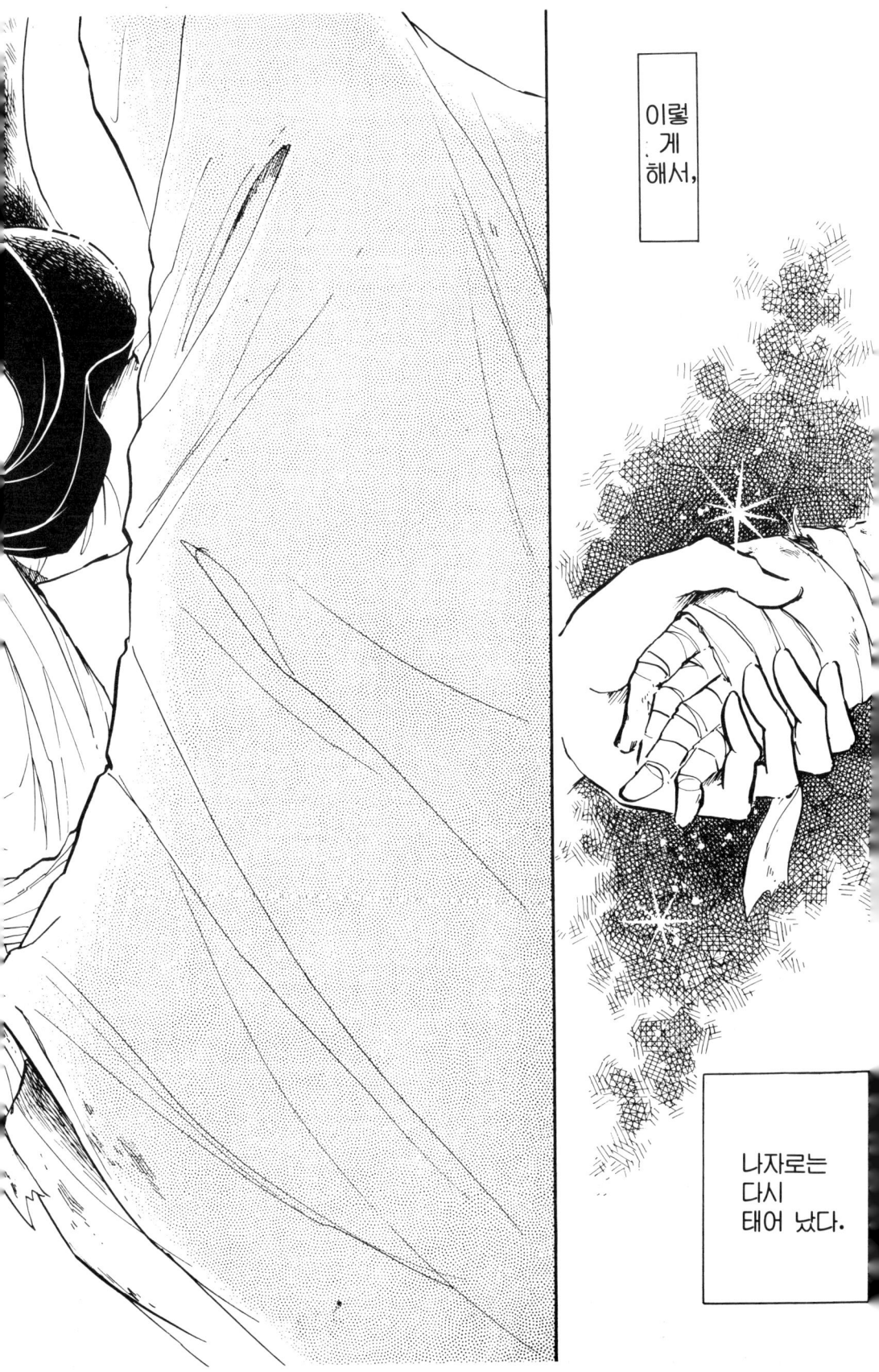

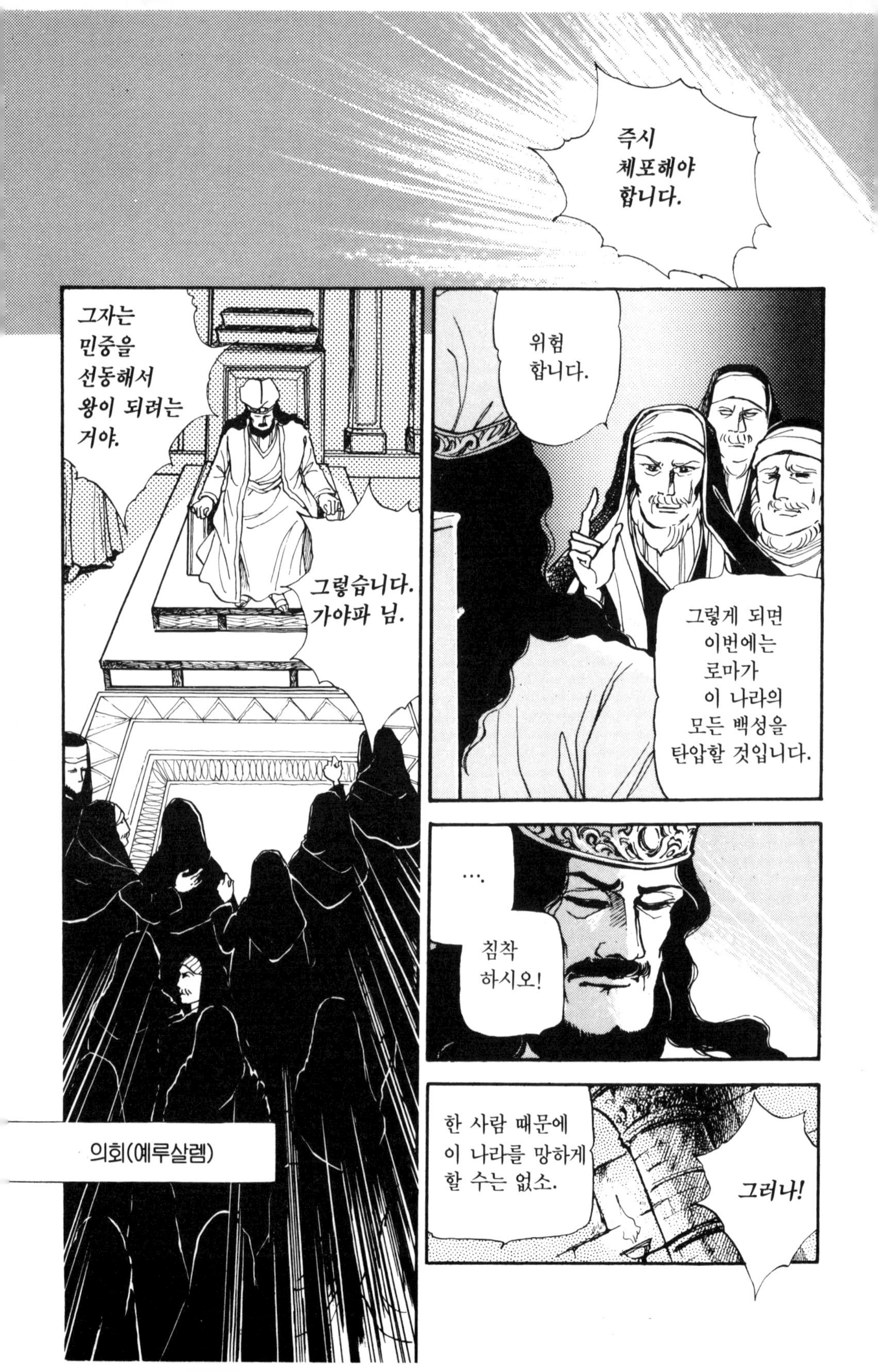

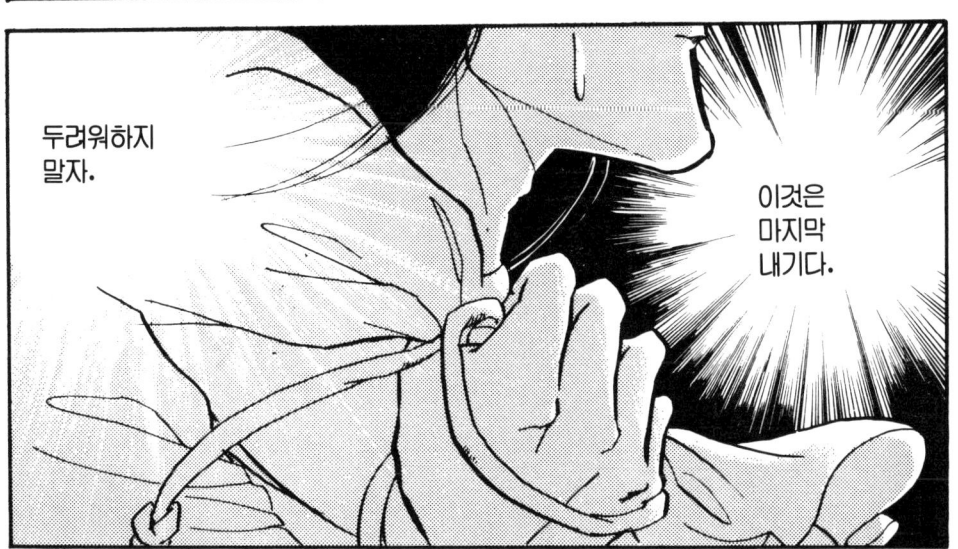

11. 예루살렘 입성 ....

바라다보이는
저 예루살렘도

이제 그 영화를
다했구나.

호산나…히브리어에서 온 그리스어로 '구해 주십시오'라는 의미. 메시아와 연결되어 환영한다는 의미로 사용된다.

예루살렘아.

아아,
가엾은
예루살렘아.

평화를
가져오는 길이
무엇인지를 네가
알았더라면.

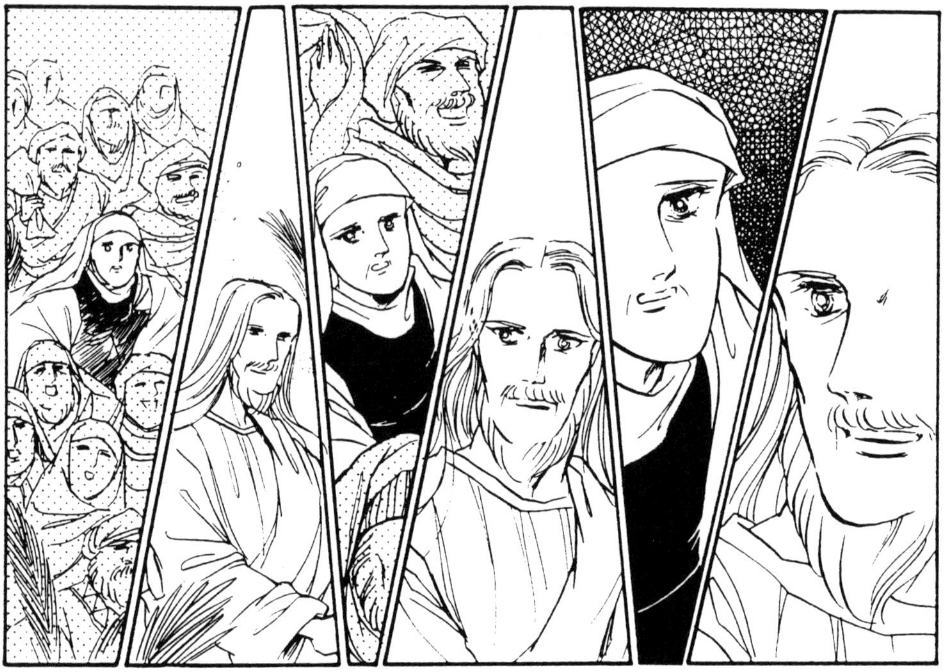

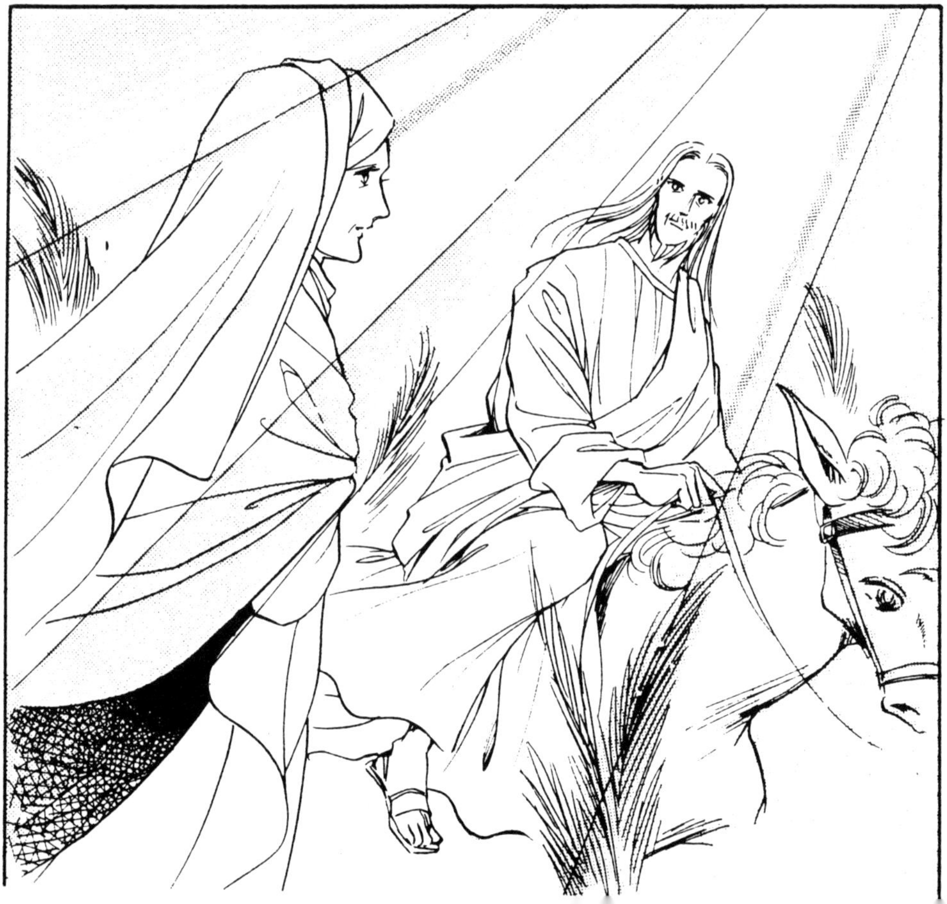

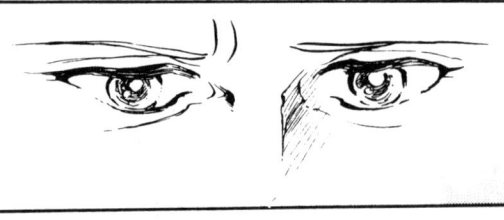

아! 또 보인다.

살육과 피.

천재 지변과 전염병.

불길.

불길들.

이리 오렴.

시간이 얼마 남지 않았지만,

마지막까지 이 손으로 너희들을 구해 주겠다.

내 따뜻한 손으로.

12. 막달라 마리아 ············

나자로…10장에서 나오는 나자로와는 다른 사람으로 루가복음 16장 19-31절에 나온 나자로임.

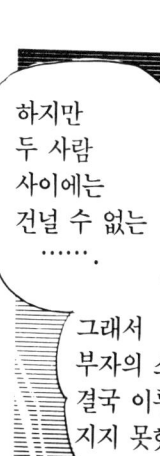

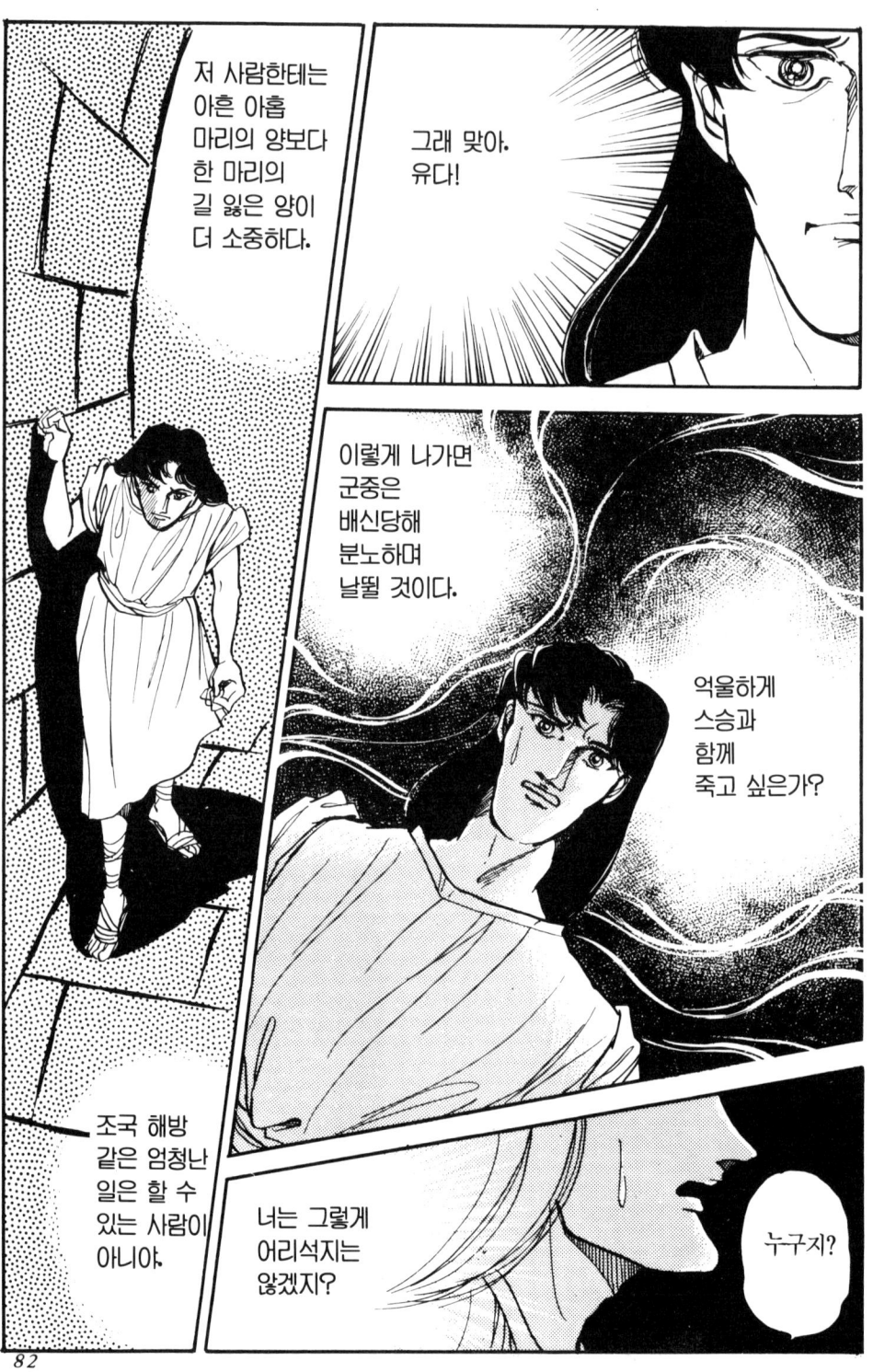

13. 유다의 배반 ....

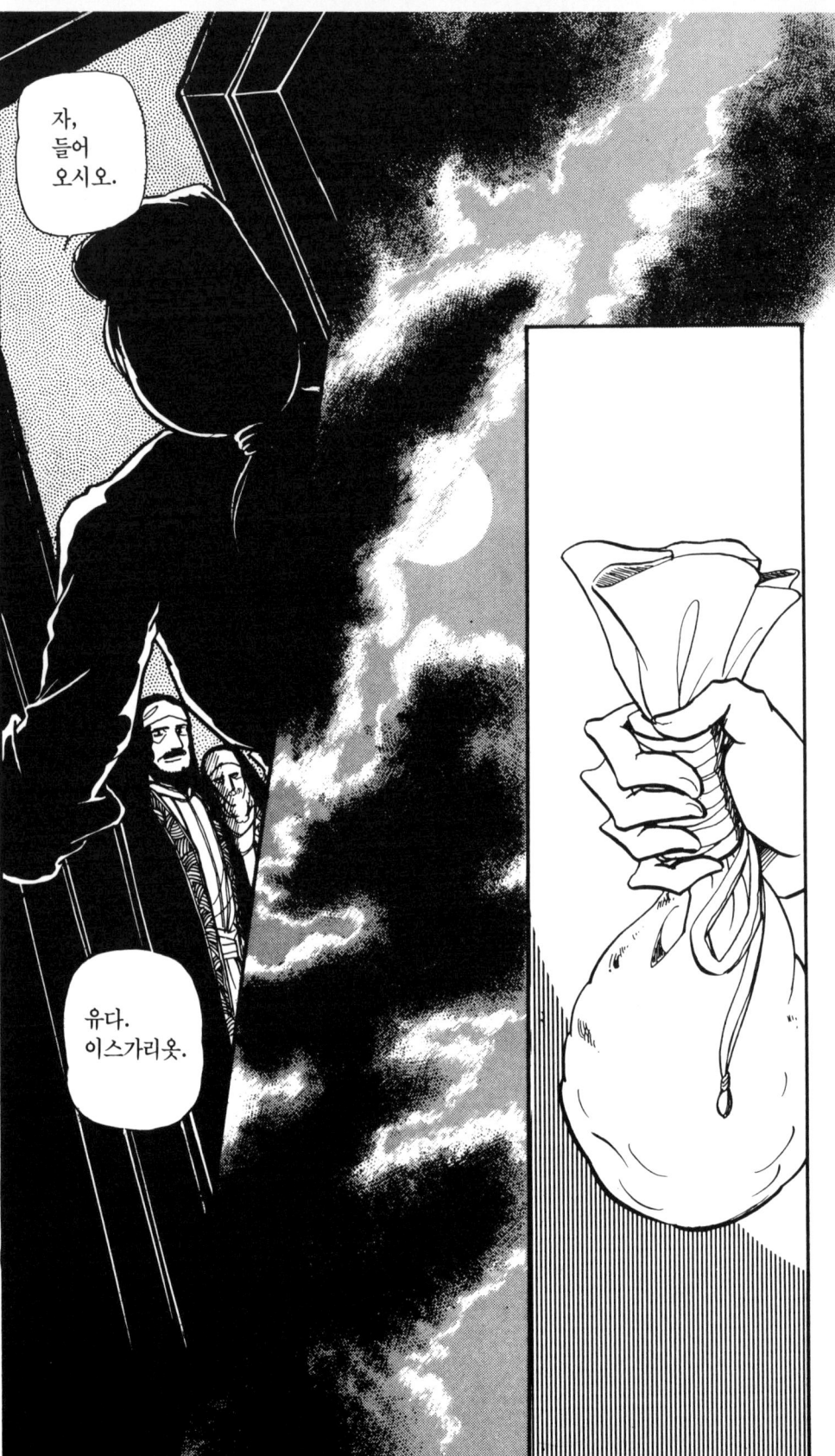

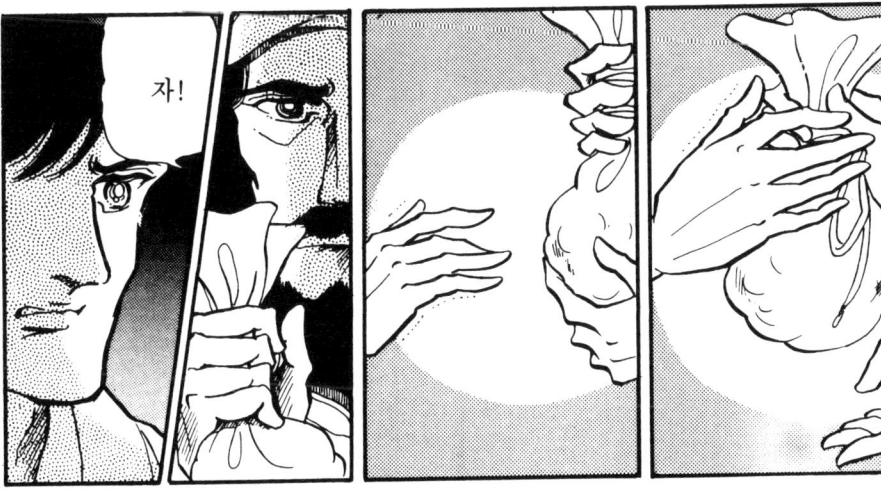

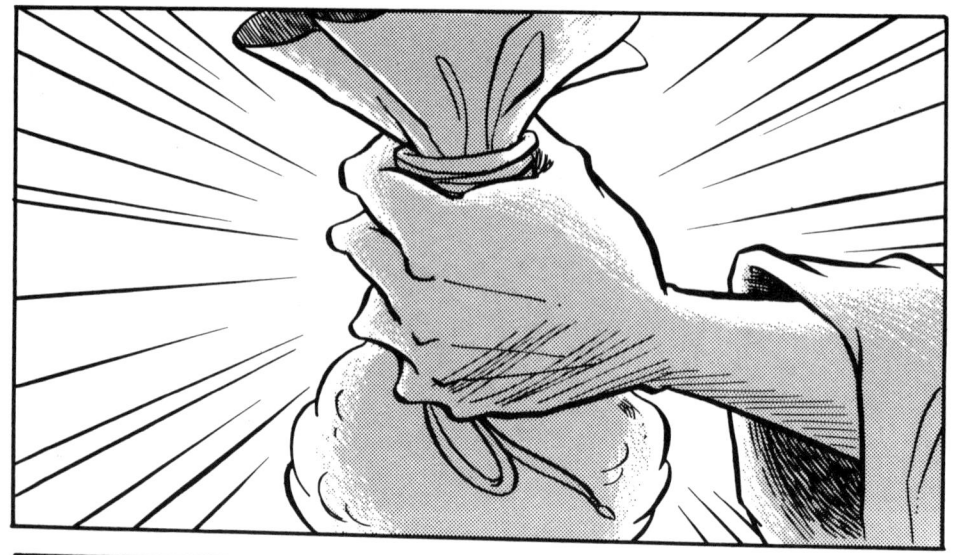

제자가 스승을 팔러 오리라고는,

이것으로 단숨에 예수를 체포할 수 있겠군요.

목요일 밤 겟세마니 동산에서 예수가 제자들과 함께 모이기로 한다....

겟세마니 동산…예수님께서 체포당하시기 전, 최후의 기도를 하셨던 곳으로 예루살렘의 동쪽에 있다.

이래도 되나….

아냐 괜찮아!

당치도 않은 기대를 떠 맡는 것 보다 지금 체포되면, 틀림없이 잊혀진 때에 석방될 것이다.

이것으로….

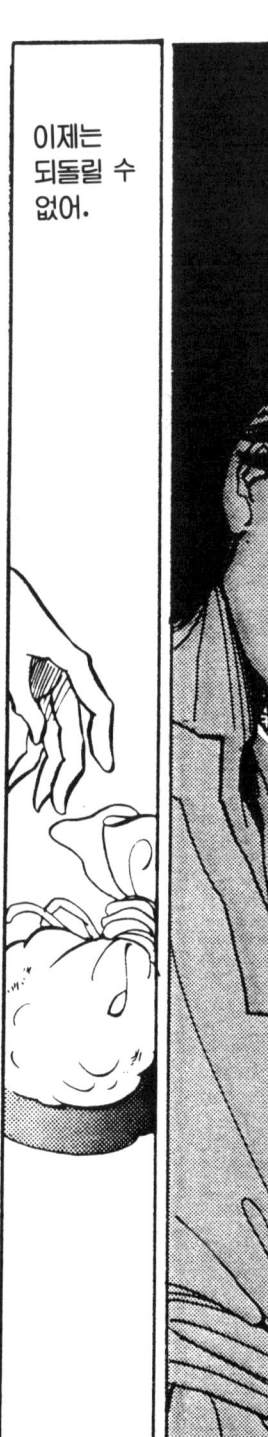

내가
거기서
기도하고
있는 동안

잠들지 말고
기다리라고
했는
데도….

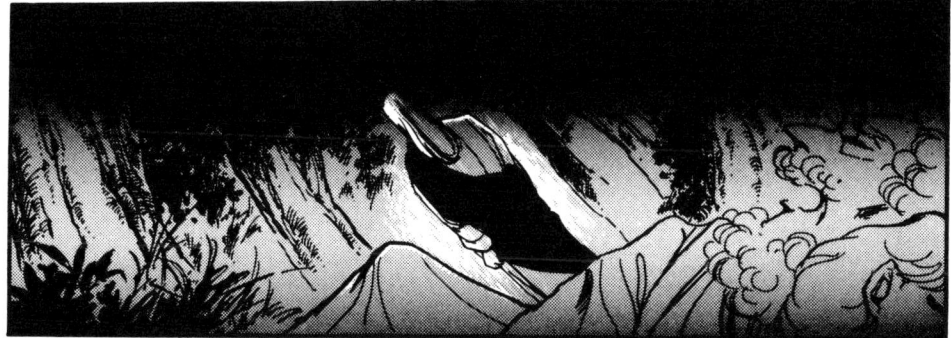

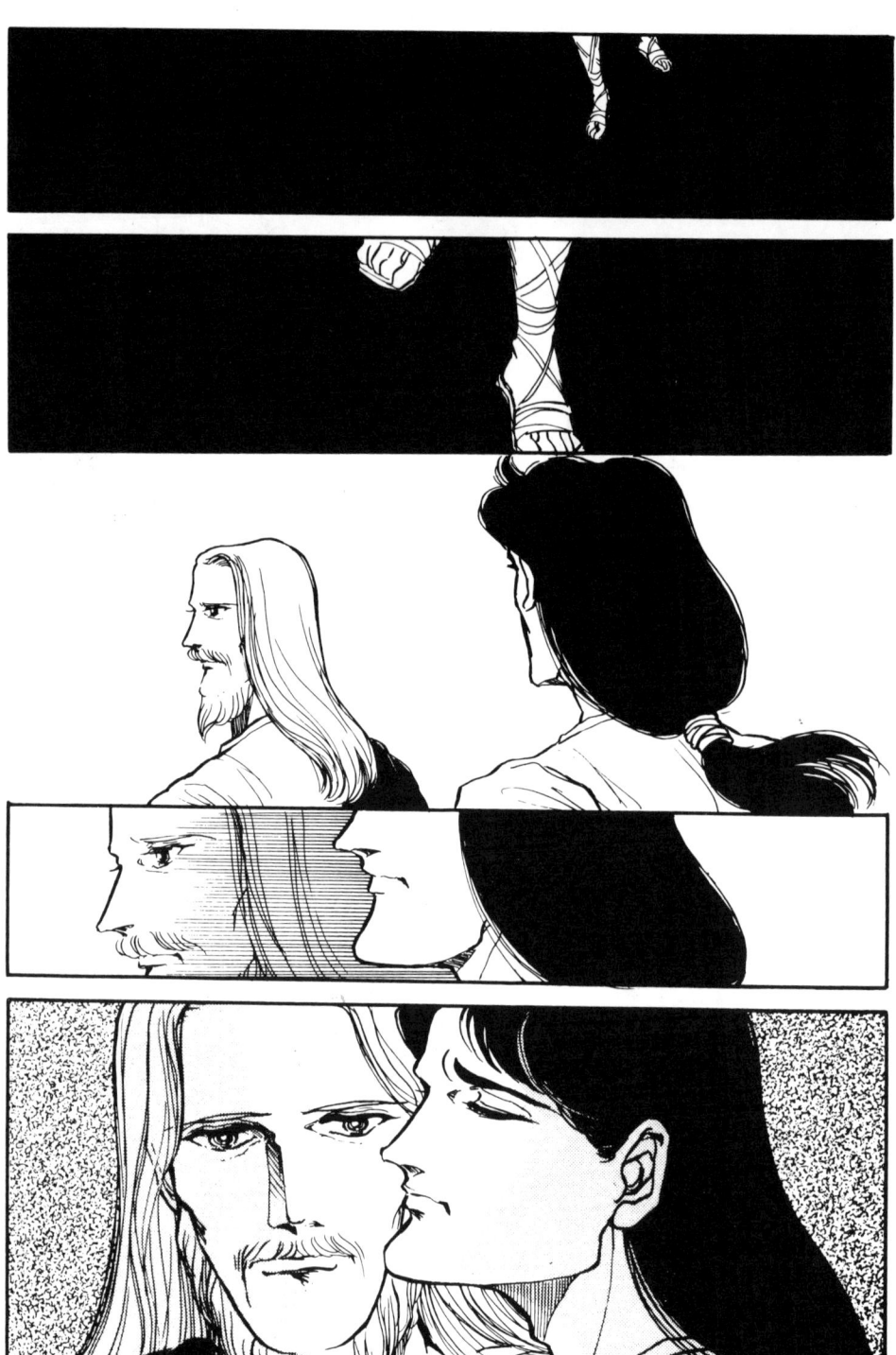

14. 사형 선고

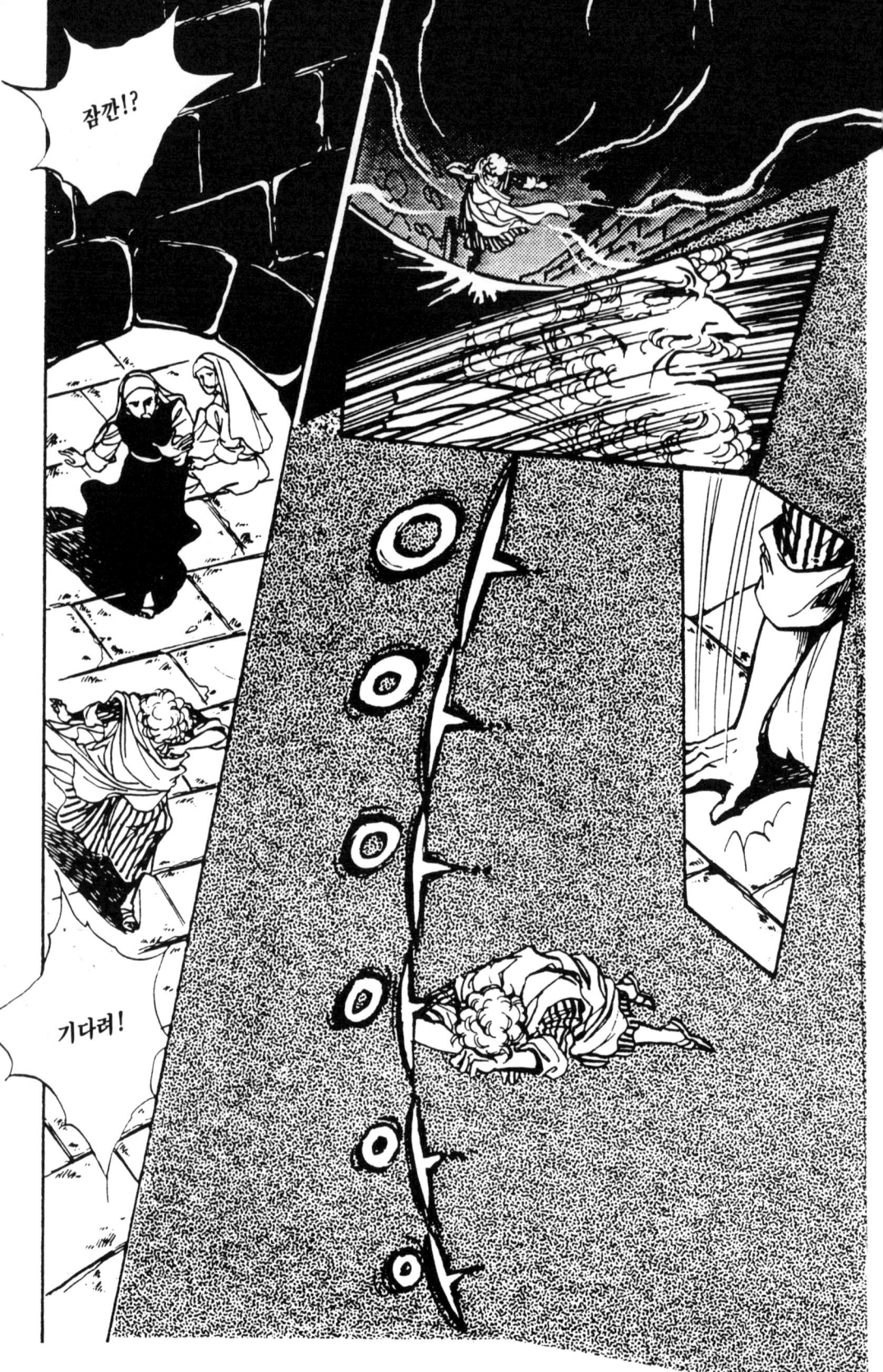

왜 아무런 저항도 하지 않는 거요?

죽어도 괜찮겠소?

대답하시오, 예수! 나는 당신을 내 마음대로 할 수 있소.

이상한 남자! …….

당신은 도대체 누구요?

나로서는 잘 알 수 없는…

어디에서 무엇을 하러 왔소?

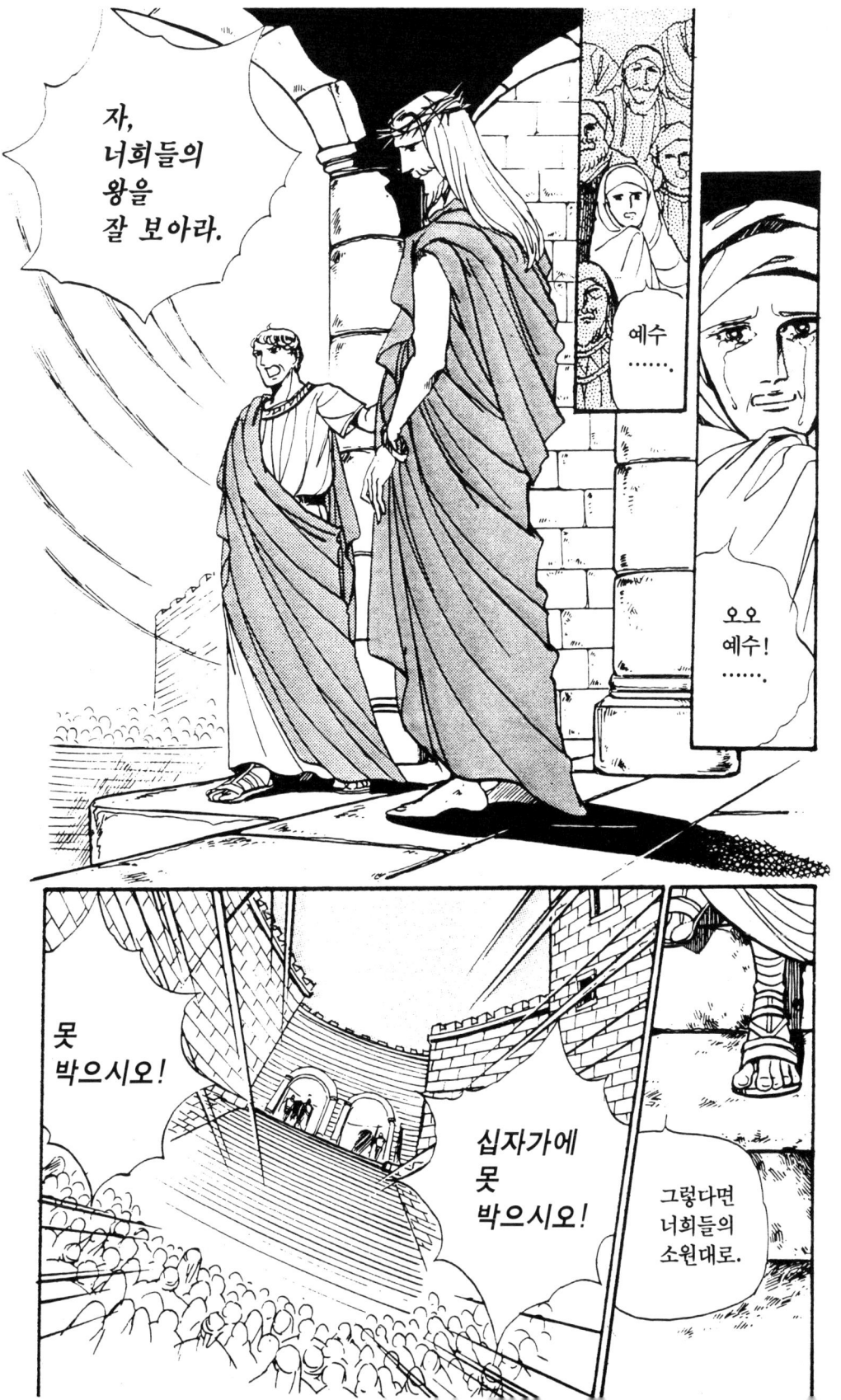

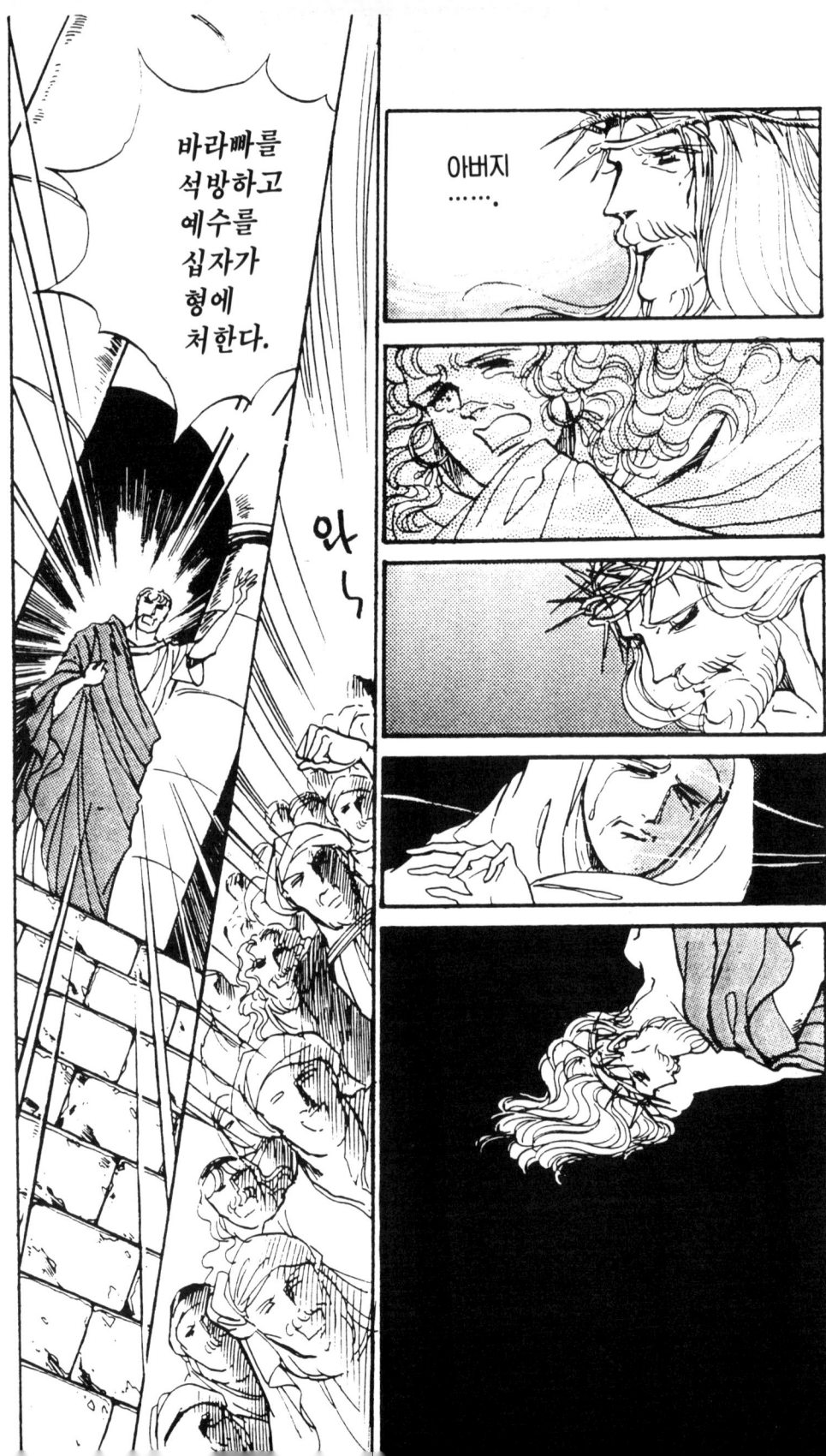

15. 골고타로 가는 길………

어둠
이다.

너무나도
조용한
어둠
이구나.

추악함도
어리석음도 없다.
욕하는 소리도
외침 소리도
들리지 않는다.
육체의 고통조차
지금은 아무 것도
느낄 수 없다.

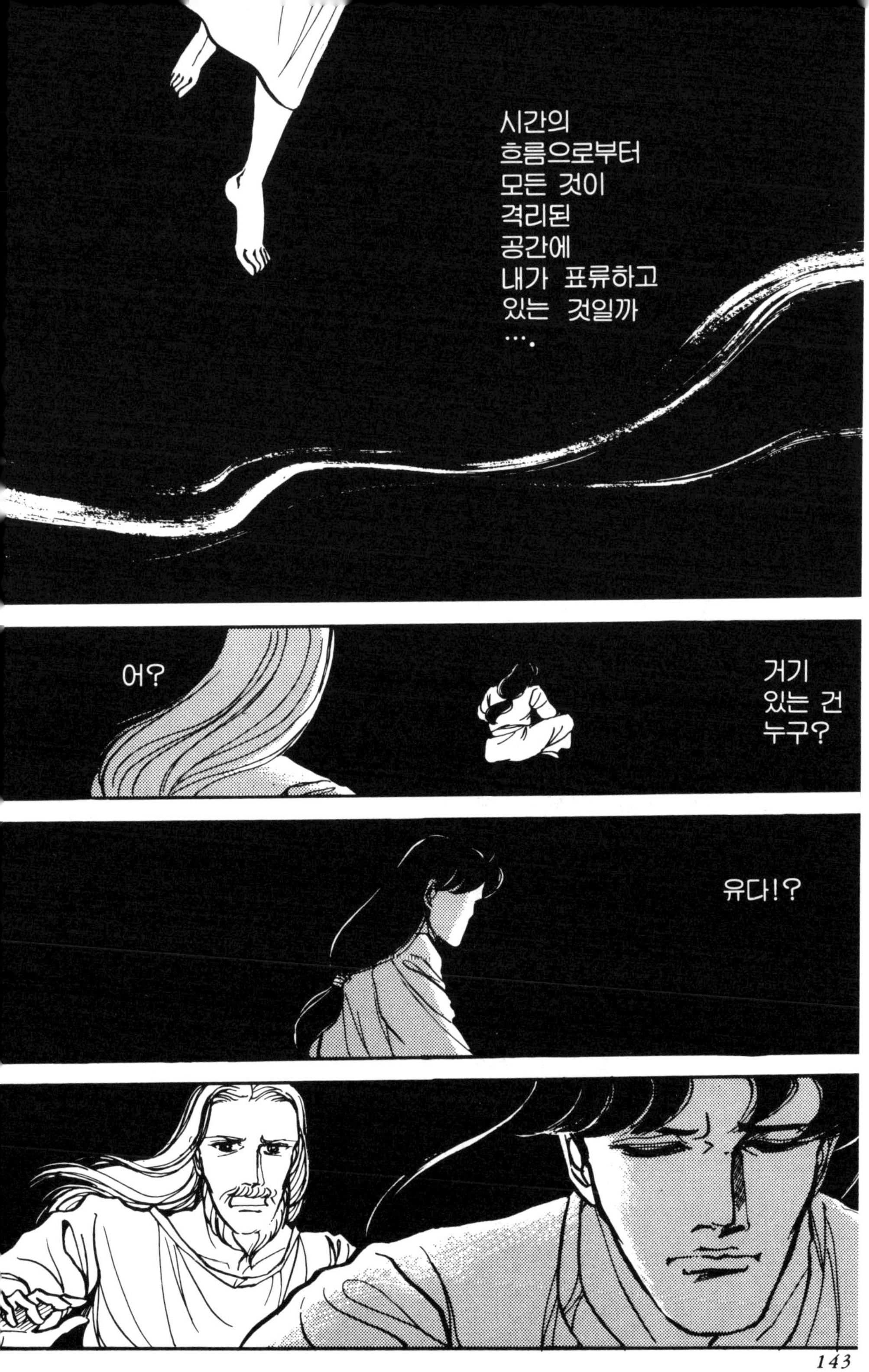

시간의
흐름으로부터
모든 것이
격리된
공간에
내가 표류하고
있는 것일까
….

어?

거기 있는 건 누구?

유다!?

유다여
……

아무 죄도 없는 그 사람을!

임금님이 죽음의 길로 가는 행차이구만.

자, 자기의 십자가를 지고 형장까지 행진이다.

나는   줄곧 생각했다.

하느님의 나라란 원래 어떤 것인가.

적을 미워하지 않고 서로 사랑하며 악을 모르는 선인들의 집단인가?

아니야. 그런 것은 이상에 불과해.

인간들은 선을 행하고는 우쭐해지고 정의라고 말하면서 기꺼이 피를 흘리게 한다.

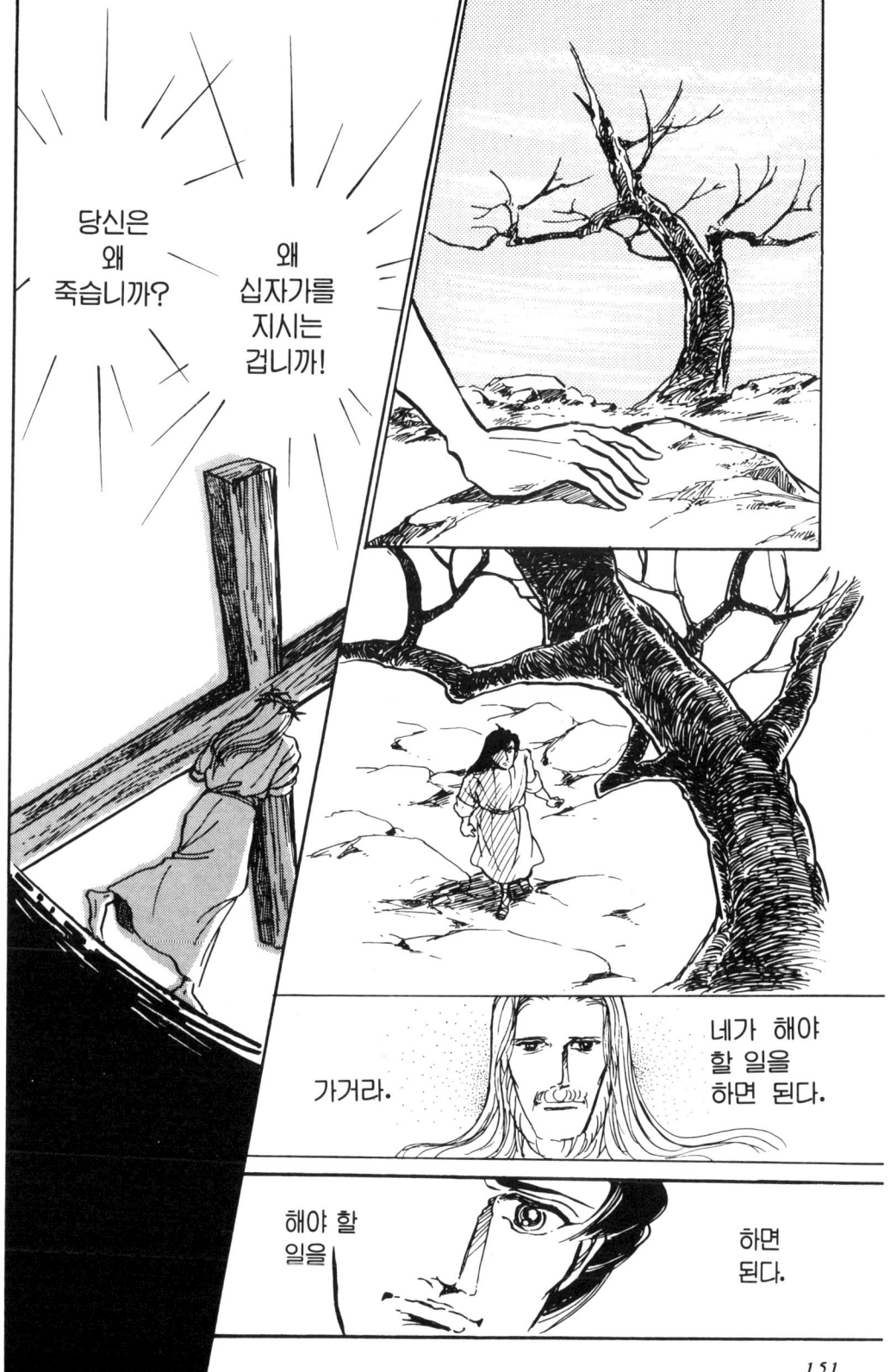

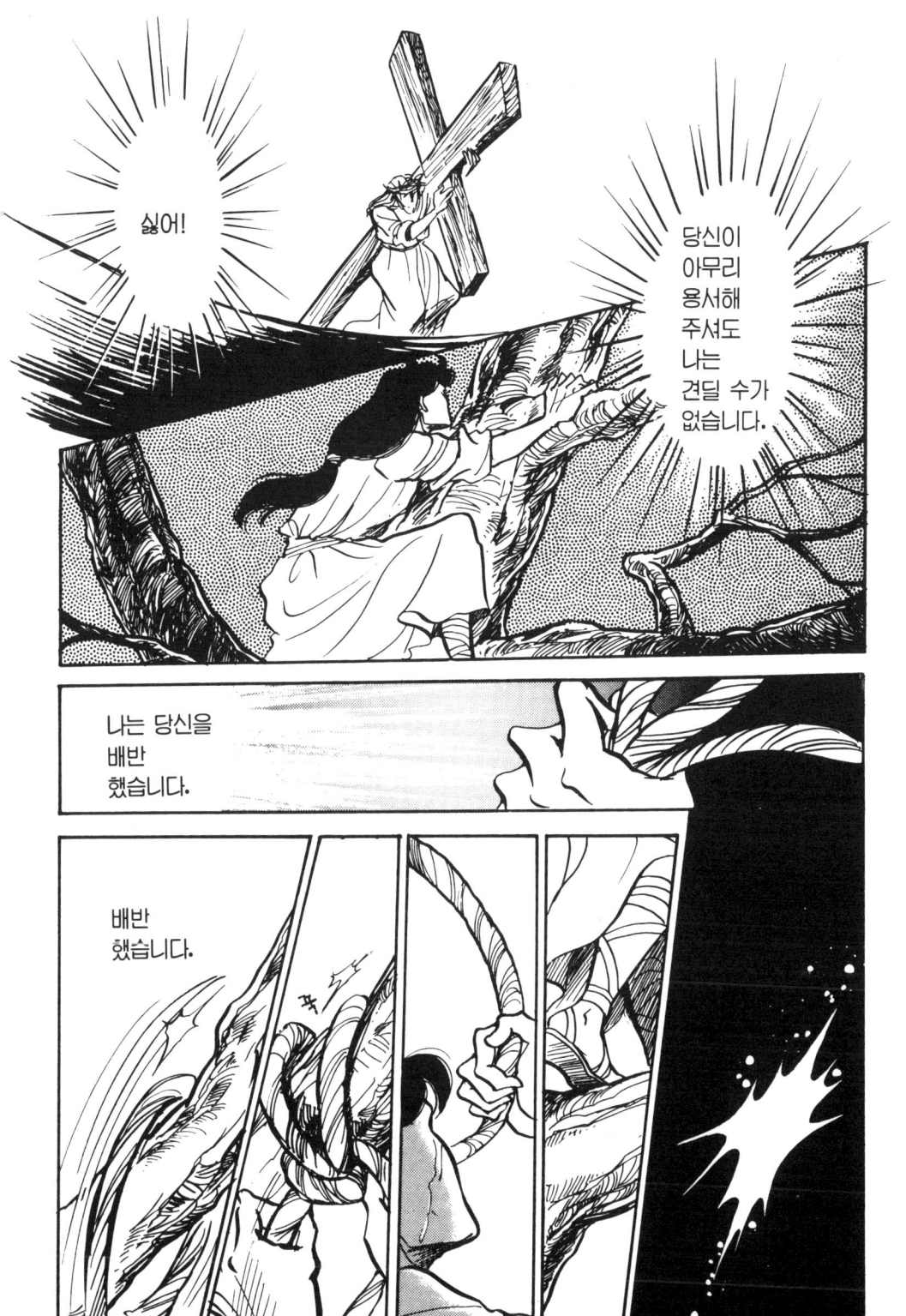

꾸물거리지 마라. 자, 간다.

예수님.

예수님.

예루살렘의 여인들이여, 나를 위해 울지 말고,

자신들과 자식들을 위해 우시오.

하지만 장차, 하느님의 심판날이 오면 그 누가 견딜 수 있을까?

나의 고통은 곧 끝난다.

부디 이 죽음을 받아 주기 바란다.

내가 너희들을 구원할 수 있도록

골고타 언덕…해골산이라는 의미로 예루살렘 근교에 있다.

빌라도님!

아리마태아의 요셉이란 자가 예수의 시체를 달라고 부탁을 하고 있습니다만.

그렇다면…. 예수는 벌써 죽었는가?

시체를?

의회 의원인 아리마태아의 요셉은 자신이 예수의 제자인 사실을 감추고

사형 판결에 반대했던 사람이다.

오
…,

예수여
….

아시겠
습니까?
이 어미의
괴로움을.

가슴이
찢어지는
듯한
슬픔을.

나의
아들이여……．

빌라도 님, 예수의 무덤에 감시병을 세워 주십시오.

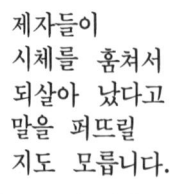

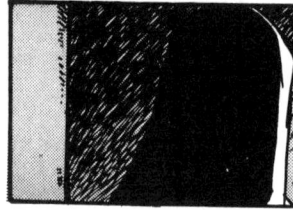

16. 부 활 ....

정말로 불가사이한 일이네.

크레오파, 너는 정말로 그 분이 되살아 나셨다고 생각해?

나도 믿고 싶지만…, 솔직히 말해서

이 눈으로 확인하지 않은 이상 뭐라고 말할 수가 없군.

무슨 이야기들을 하고 있는가?

예?

엠마오…예루살렘의 북서쪽, 예수님께서 부활하신 후 엠마오로 가는 길에서 제자 두 명이 예수님을 만나고서도 알아뵙지 못했다. (마르코 16,12-13)

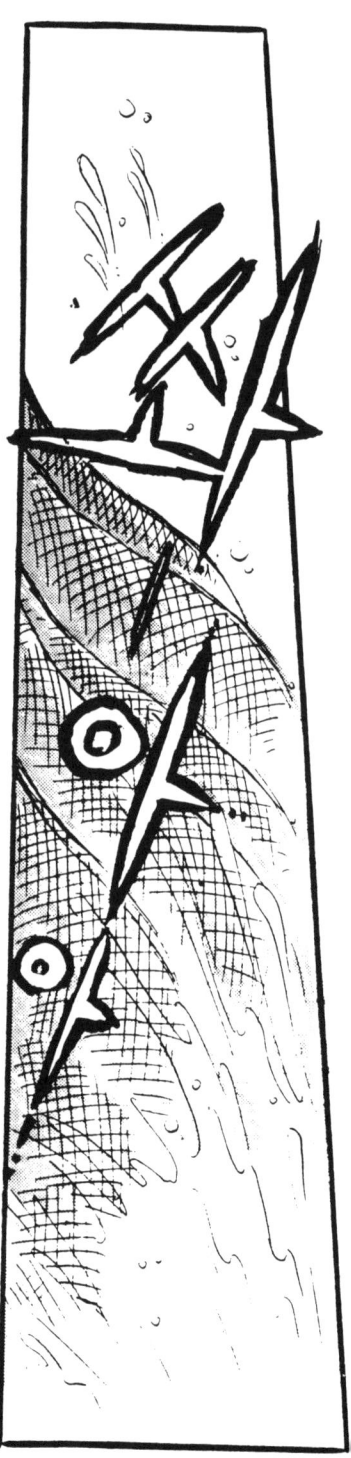

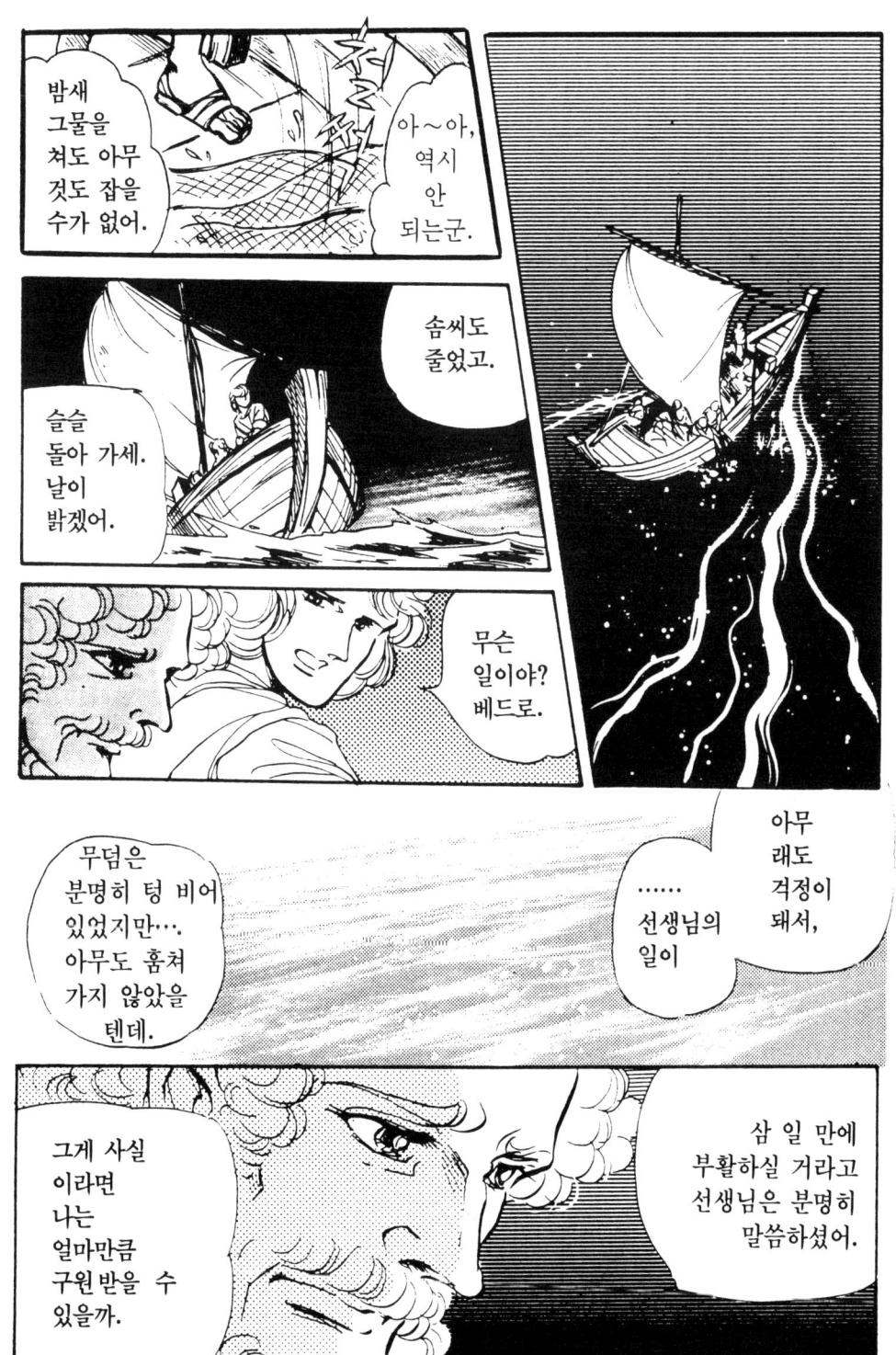

시간을
초월해
지구의
끝,
우주의
끝
까지라도…

멀고 먼 바람을 넘어서……

좋았어. 오늘은 밤새 춤을 추자.

꺄악~. 기다려!

……

물론,

유다여~,

너는 최후까지 계속 물었다.

죄책감에 견디지 못하는 가엾은 마음도 있지만….

왜 나로 하여금 배반하게 만들었냐…고.

그래서 더 이상 말리지 않았다.

하지만 내가 말렸더라도 너는 나를 배반 했을 것이다.

너도 죄를 범하지 않을 수 없는 인간의 운명 속에 있었고

나는 그 모든 것을 받아 들이기로 한 것이다.

나는 언제나
너희들과 함께 있다.

끝

이야기 신약성서 하

그린이 : 나리타 도모꼬
옮긴이 : 박란희
펴낸이 : 백기태
펴낸곳 : 도서출판 다솜
주소 : 서울 강북구 송중동 103-36
등록 : 제7-60호 1990. 7. 9
1판 1쇄 : 1993. 7. 20
2판 1쇄 : 1995. 1. 24
2판 12쇄 : 2010. 8. 12

취급처 : 성바오로보급소
전화 : 9448--300, 986--1361
팩스 : 986--1365
통신판매 : 945--2972
E-mail : bookclub@paolo.net
http://www.paolo.net

값 7,000원
ISBN 978-89-85879-22-4
ISBN 978-89-85879-57-6 (세트)